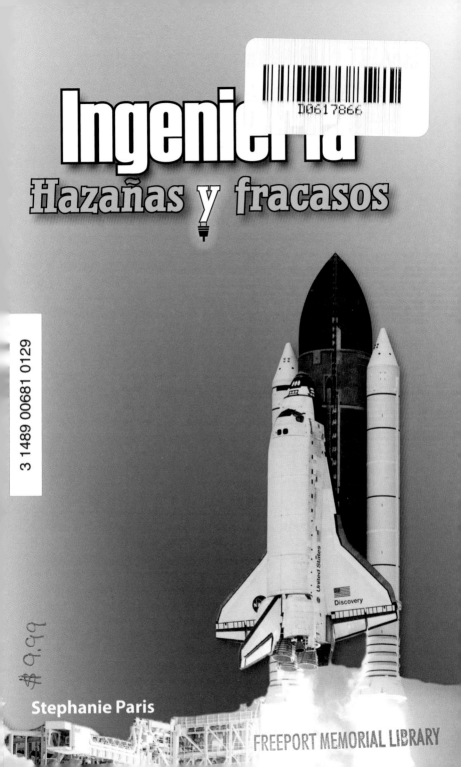

Ingeniería
Hazañas y fracasos

Stephanie Paris

Consultores

Dr. Timothy Rasinski
Kent State University

Lori Oczkus
Consultora de alfabetización

John Ferguson, AIA
Arquitecto

Basado en textos extraídos de
TIME For Kids. *TIME For Kids* y el logotipo
de *TIME For Kids* son marcas registradas
de TIME Inc. Utilizados bajo licencia.

Créditos de publicación

Dona Herweck Rice, *Jefa de redacción*
Conni Medina, *Directora editorial*
Lee Aucoin, *Directora creativa*
Jamey Acosta, *Editora principal*
Lexa Hoang, *Diseñadora*
Stephanie Reid, *Editora de fotografía*
Rane Anderson, *Autora colaboradora*
Rachelle Cracchiolo, *M.S.Ed., Editora
comercial*

Créditos de las imágenes: tapa, págs.1, 32–
33, 38 (abajo), 41 (izquierda y derecha) NASA;
pág.9 (arriba) 26 (abajo) Alamy; pág.27 (abajo)
Associated Press; pág.40 (izquierda) Bridgeman
Art; pág.26–27 Bettmann/Corbis; págs.11
(arriba), 15 (arriba), 19 (abajo) Getty Images;
pág.12 (fondo) duncan1890/iStockphoto;
págs.12–13, 24–25, 35 Janelle Bell-Martin;
pág.40 (derecha) Emory Kristof/National
Geographic Stock; págs.18–19, 20 (abajo) akg-
images/Newscom; págs.29 (arriba derecha), 34
(abajo) EPA/Newscom; págs.20–21, 41 (arriba)
picture-alliance/Judaica-Samml/Newscom;
pág.29 (abajo izquierda) REUTERS/Newscom;
págs.14–15 North Wind Picture Archives; todas
las demás imágenes son de Shutterstock.

Teacher Created Materials

5301 Oceanus Drive
Huntington Beach, CA 92649-1030
http://www.tcmpub.com

ISBN 978-1-4333-7104-2

Tabla de contenido

Hacer que funcione

Los científicos aprenden cosas. Pero los **ingenieros** hacen cosas. Los ingenieros usan la ciencia y las matemáticas para hacer cosas. A veces resuelven un gran problema. Pueden encontrar la forma de construir un puente para cruzar un río. Otras veces hacen que la vida sea más fácil. Fue un ingeniero quien descubrió cómo hacer para que el agua se fuera por el agujero del lavabo.

Durante miles de años, los ingenieros han realizado construcciones enormes. Han creado máquinas maravillosas. Una y otra vez, encuentran formas brillantes de resolver problemas. Pero los ingenieros son personas. Y las personas se equivocan. A veces, las mayores **hazañas** se convierten en terribles fracasos.

PARA PENSAR

- ¿Cómo se desarrolla la nueva tecnología?
- ¿Por qué los fracasos y los errores son una gran parte del éxito?
- ¿Cómo han mejorado nuestras vidas los avances de la ciencia, la tecnología y la ingeniería?

5

Los primeros
ingenieros

Los ingenieros de la antigüedad construían estructuras enormes con herramientas básicas como rampas, palancas y rodillos simples. Con estas herramientas construían monumentos que incluso hoy nos dejan con la boca abierta. ¡Las personas todavía tratan de entender cómo estos ingenieros de la antigüedad hacían su trabajo!

La Gran Pirámide de Giza

Dado que se construyeron hace tanto tiempo, hay pocas construcciones antiguas notables que todavía se puedan ver. Pero hay algunas. La Gran Pirámide es la única maravilla del mundo antiguo que todavía existe. Se construyó como tumba para el **faraón** Khufu. Tiene casi 450 pies de alto y cada lado mide 756 pies de largo. Está hecha de más de dos millones de bloques de piedra. ¡Cada bloque pesa más de dos toneladas! Los científicos creen que los trabajadores construyeron enormes rampas de madera para arrastrar cada bloque hasta su lugar.

Hay siete maravillas del mundo antiguo oficiales, que incluyen jardines, monumentos, templos y un gran faro. Todas las maravillas antiguas fueron construidas entre el 2650 a. C. y el 280 a. C.

Los trabajadores de las pirámides

Los registros egipcios muestran que a muchos de los trabajadores de las pirámides se les obligaba a trabajar. Pero se los trataba bien para los estándares de la época. Había reglas sobre cuántas horas podían trabajar por día. Recibían un **salario** justo y hasta tenían días festivos oficiales.

Matemáticas de un monumento

Si la Gran Pirámide tiene 2,300,000 piedras y cada piedra pesa 2.5 toneladas, ¿cuánto pesa la Gran Pirámide?

¿2.5 toneladas x 2,300,000 piedras = ?

La Gran Muralla

Los antiguos gobernantes chinos tenían un problema. Necesitaban una mejor forma de detener a los invasores. Por eso construyeron una muralla de casi 25 pies de alto y 2,000 millas de largo. La muralla no se construyó de la noche a la mañana. Terminarla llevó casi 1,800 años.

La muralla se construyó en varias **secciones** que se fueron conectando durante muchos años. Juntas, todas estas secciones forman la muralla gigante que existe hoy en día. Había **pasajes** por donde las personas cruzaban de un lado a otro de la muralla. En las **torres de vigilancia**, los soldados estaban alerta ante cualquier peligro.

Los ingenieros usaron ríos, lagos y montañas para ampliar la muralla. Si contamos estos obstáculos naturales, la muralla protege más de 5,500 millas.

El gran fracaso

Aunque la Gran Muralla es la muralla más larga del mundo, no logró detener a los invasores. Genghis Khan, un gobernante mongol, y su ejército eran una amenaza para China. En parte, la muralla se construyó para evitar que pasaran, pero encontraron la forma de hacerlo. Khan y su ejército **conquistaron** la mayor parte de China en el año 1211 d. C.

Stonehenge

Los ingenieros comenzaron a construirlo alrededor del año 2950 a. C. Más de 1,000 años más tarde, finalizaron un círculo de piedras enormes. Se cree que construir este monumento llevó más de 20 millones de horas. ¡Pero ninguno de nosotros sabe exactamente por qué se construyó!

Algunas de las piedras se llevaron desde lugares lejanos, a casi 200 millas de distancia. ¿Cómo hicieron los trabajadores para mover esas piedras de cuatro toneladas sin las herramientas modernas? Todavía no se había inventado la rueda. Algunos científicos creen que arrastraron las piedras en canastas gigantes. Otros piensan que usaron piedritas para hacerlas rodar.

Fracasos de la antigüedad

Muchas personas han visto la Torre Inclinada de Pisa. Se construyó en el año 1173 d. C., pero los ingenieros cometieron un error. La construyeron en un terreno inestable. Un lado de la torre se hundió. Pero la torre no se cayó. Los primeros constructores sin duda cometieron muchos errores y tuvieron fracasos como este.

¿Qué problema crees que estaban tratando de solucionar los ingenieros antiguos con este monumento de piedra?

Las siete maravillas del mundo antiguo

¡No se conocen como las siete maravillas del mundo antiguo en balde! Todas, salvo una, se destruyeron hace más de mil años. Pero el mundo todavía las recuerda.

Los Jardines Colgantes de Babilonia se construyeron alrededor del año 600 a. C. en lo que ahora es Irak. Los destruyó un terremoto en el año 226 a. C.

La Gran Pirámide se construyó en Giza, Egipto, alrededor del 2750 a. C. como tumba para el faraón. Esta enorme estructura de piedra tiene casi 450 pies de alto. Y todavia existe.

Famoso por su belleza, el Templo de Artemisa, en Éfeso, se construyó en el año 550 a. C. en lo que hoy es Turquía. Se destruyó durante una invasión en el año 262 d. C.

La estatua de Zeus, en Olimpia, fue construida en el año 435 a. C. Tenía más de 40 pies de alto y estaba bañada en oro y marfil. Se destruyó en un incendio en el año 462 d. C.

El Coloso de Rodas era una estatua del dios del sol, Helios, hecha de bronce y oro. Fue construida entre el 294–282 a. C. en la isla griega de Rodas. La destruyó un terremoto en el año 226 a. C.

El Mausoleo de Halicarnaso estaba hecho de reluciente mármol blanco y tenía 140 pies de alto. Se construyó alrededor del año 350 a. C. como tumba para el rey Mausolo. Sufrió daños durante varios terremotos y luego lo destruyeron los cruzados en el año 1522 d. C.

El Faro de Alejandría, construido en el año 280 a. C., fue el primero en su género. Guió a los barcos al puerto de Alejandría, Egipto, durante más de 1,500 años.

La Era Industrial

¿Cómo podemos hacer las cosas más rápido? ¿Cómo podemos hacer más cantidad? Los ingenieros con frecuencia tratan de contestar este tipo de preguntas. En el siglo XVIII, las personas aprendieron a hacer nuevos tipos de máquinas, e hicieron muchas. Estas máquinas ayudaron a los ingenieros a construir máquinas todavía más complicadas. La **Revolución Industrial** cambió el mundo. ¡Pero con un mayor crecimiento puede haber mayores desastres!

El ferrocarril transcontinental

El 10 de mayo de 1869 hubo una gran fiesta en Utah. Acababan de unirse las vías de las compañías ferroviarias *Central Pacific* y *Union Pacific*. Dos mil millas de vías conectaban a California con el río Misuri. Los trenes cruzaban la peligrosa cadena montañosa de Sierra Nevada. Atravesaban áridos desiertos. El viaje solía llevar entre cuatro y seis meses. ¡Ahora llevaba seis días! Este fue el primer ferrocarril **transcontinental** del mundo. Y una de las principales hazañas de la ingeniería de los Estados Unidos.

Desastres industriales

Los desastres mineros eran muy comunes a fines del siglo XIX. A veces, había una explosión de gas o dinamita. Otras, los mineros quedaban enterrados vivos o se ahogaban al colapsar un túnel. La cantidad de muertes era alta. Hoy en día, la minería todavía es un trabajo peligroso, pero ya no hay tantos accidentes como en la Era Industrial.

Transcontinental significa que atraviesa un continente. El primer ferrocarril transcontinental no atravesaba toda América del Norte, pero permitía a las personas ir de la Costa Este a la Costa Oeste.

El Canal de Panamá

Las personas querían viajar alrededor del mundo con mayor rapidez. Por eso construyeron un atajo. El **Canal** de Panamá es un río hecho por el hombre. Se construyó entre los años 1880 y 1914 y une los océanos Pacífico y Atlántico. El canal permite a los barcos viajar alrededor del mundo mucho más rápido. Antes, los barcos debían navegar alrededor de América del Sur. Ahora, pueden cruzar el canal.

Los ingenieros tenían en sus manos un proyecto difícil. Se necesitaron miles de hombres para cavar el gran canal. Los trabajadores usaron **explosivos**. Se utilizaron perforadoras y **palas a vapor** para excavar la tierra. El ferrocarril del Canal de Panamá retiraba la tierra que se extraía. El canal debía ser suficientemente grande para que enormes barcos pudieran pasar.

El trabajo era peligroso. Los constructores usaban dinamita y trabajaban en lugares altos. Miles de trabajadores contrajeron enfermedades mortales y casi 30,000 murieron mientras se construía el canal. Hoy en día, pasan por el canal más de 14,000 barcos cada año.

Arrasado por el viento

El puente de *Tacoma Narrows* se hizo famoso durante su construcción debido al rebote que sentían los trabajadores cuando había vientos fuertes. Apenas cuatro meses después de la inauguración, los vientos fueron tan fuertes que el puente se torció, se derrumbó y cayó al río. Luego, esto se hizo conocido como "la falla más dramática en la historia de la ingeniería de puentes". Por suerte, ningún ser humano murió en el derrumbe, solamente murió un perrito negro, *Tubby*.

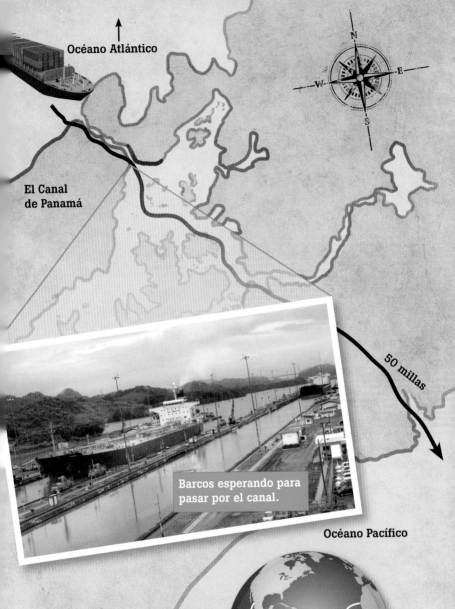

Océano Atlántico

El Canal
de Panamá

50 millas

Barcos esperando para
pasar por el canal.

Océano Pacífico

Antes de que se construyera
el canal los barcos tenían
que viajar alrededor de
América del Sur.

El desastre del *Titanic*

El *Titanic* zarpó el 10 de abril de 1912. Había 2,224 personas a bordo. Era el barco de lujo más grande en el mar. Los ingenieros también trataron de que fuera el más seguro. El barco se construyó para que fuera insumergible. La parte baja del barco se dividía en 16 compartimentos a prueba de filtraciones. Cada compartimento podía sellarse, por lo que si había un agujero en uno, el agua no pasaría a las demás secciones.

Pero el 14 de abril de 1912 el *Titanic* chocó con un iceberg. El hielo filoso no hizo un agujero. Hizo un tajo largo en el costado del barco y fue imposible evitar la inundación. El barco se hundió en aguas heladas. Solo sobrevivieron 710 personas.

Un error de cálculo enorme

Cuando se hundió, el *Titanic* tenía solo 20 botes salvavidas. Eran muy pocos. Si se rescataron 710 de los 2,224 pasajeros, ¿qué porcentaje no sobrevivió?

$$(2{,}224 - 710) \div 2{,}224 = \underline{\quad} \times 100 = ?$$

La mayoría de las personas que viajaban en el *Titanic* murieron congeladas en el agua helada.

Una solución simple

El *Titanic* había asignado a dos hombres para que revisaran si había hielo. En esa época, hubiera sido adecuado que usaran binoculares. Pero solo usaron los ojos. Cuando los hombres divisaron el iceberg en el agua, ya era demasiado tarde para que el barco diera la vuelta. Si lo hubieran visto un poco antes, ¡tal vez se hubiera evitado el desastre!

El Hindenburg

A principios del siglo XX eran populares las aeronaves. Eran similares a los **dirigibles** de hoy en día. Tenían una estructura de madera cubierta con tela. Dentro, el gas **hidrógeno** las hacía flotar. Pero el hidrógeno es muy **inflamable**.

En mayo de 1937, el *Hindenburg* trataba de aterrizar en Nueva Jersey. Cuando se preparaba para posarse, el gas se prendió en fuego. En segundos, ¡toda la nave estaba en llamas! Cayó del cielo. Había 97 personas a bordo. Treinta y seis murieron en el ardiente choque. Luego de este terrible accidente, muchas personas nunca más quisieron volar en una aeronave.

Choque e incendio

Las aeronaves fueron diseñadas para que las personas pudieran volar. Pero rápidamente demostraron ser caras, lentas y peligrosas. ¡Las aeronaves causaban más problemas que los que resolvían!

La elección inteligente

El desastre del *Hindenburg* hizo que los ingenieros reconsideraran la elección de gases. Hoy en día, las aeronaves usan **helio** en vez de hidrógeno. El helio no se quema ni explota con facilidad. Es un gas mucho más seguro.

La Presa Hoover

A principios del siglo XX, los ingenieros tenían dos problemas. El río Colorado continuamente se desbordaba y causaba inundaciones. Y al mismo tiempo, California no tenía suficiente agua. Una **presa** podría resolver ambos problemas.

La mayor parte de la Presa Hoover se construyó durante la **Gran Depresión**. Es decir, que el proyecto ayudó a solucionar más de un problema. Más de 7,000 personas consiguieron trabajo en la presa. Pero el costo fue alto. Más de 100 personas murieron.

Para dirigir el agua, se construyeron millas de túneles profundos que se forraron con cemento. Dentro de los túneles hacía mucho calor. A veces hacía más de 120 °F. Esto hacía que el trabajo fuera difícil y peligroso.

Hoy en día, la presa todavía es impresionante. Tiene 726 pies de alto y 1,244 pies de largo. ¡Hay suficiente cemento para construir una acera alrededor del mundo! El agua que retiene la presa forma un gran lago.

¿Cuánta agua?

El agua que retiene la presa forma el lago Mead. Este lago puede contener 1.25 billones de pies cúbicos de agua. ¡Esto alcanzaría para cubrir todo el estado de Pensilvania con un pie de agua!

Controversia por el nombre

A las presas con frecuencia se les daba el nombre de presidentes. Por lo tanto, tenía sentido darle el nombre del presidente que impulsó su construcción. Pero Herbert Hoover era un presidente muy poco popular. Muchas personas lo culpaban por la Gran Depresión. Durante un tiempo, a la presa se la llamó Boulder. Pero el nombre no se hizo popular. En 1947, el gobierno la renombró oficialmente Presa Hoover. Esta vez, el nombre quedó.

Dentro de la Presa Hoover

Los ingenieros de la Presa Hoover crearon uno de los lagos artificiales más grandes del mundo. Su trabajo evita las inundaciones, almacena agua, produce electricidad y conecta el Suroeste.

Cuando se construyó la presa, se construyeron más de tres millas de túneles de 50 pies de diámetro.

5,000

+

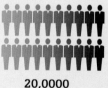

20,0000

Antes de que se construyera la Presa Hoover, solo 5,000 personas vivían en Las Vegas. La construcción de la presa trajo 20,000 más.

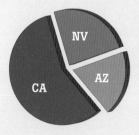

El estado de California usa alrededor del 56 por ciento de la energía producida por la central eléctrica de la presa. Nevada usa el 25 por ciento y Arizona usa el 19 por ciento.

En 1941 y 1983 se utilizaron los desaguaderos de la presa durante las inundaciones.

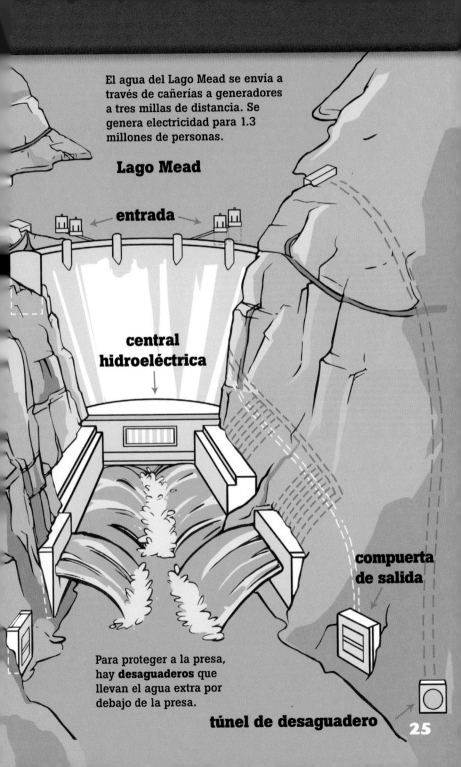

El agua del Lago Mead se envía a través de cañerías a generadores a tres millas de distancia. Se genera electricidad para 1.3 millones de personas.

Lago Mead

entrada

central hidroeléctrica

compuerta de salida

Para proteger a la presa, hay **desaguaderos** que llevan el agua extra por debajo de la presa.

túnel de desaguadero

25

El colapso de la Presa St. Francis

La Presa Hoover fue una hazaña de la ingeniería. Pero no todas las presas lo son. Poco antes de la medianoche del 12 de marzo de 1928 se escuchó un ruido asustador. Una pared de agua de 78 pies rugió por toda California. La Presa St. Francis, cerca de Los Ángeles, había colapsado. Apenas unas horas antes, su ingeniero en jefe la había inspeccionado. De la presa se precipitaron 12.5 mil millones de galones de agua que recorrieron 54 millas hasta llegar al océano. La ciudad de Santa Paula quedó enterrada bajo 20 pies de barro. Algunos lugares quedaron cubiertos con 70 pies de barro. Más de 450 personas murieron.

Un legado terrible

El ingeniero en jefe de la Presa St. Francis era William Mulholland. Tenía una carrera en ascenso como ingeniero hidráulico. Trabajó en el Canal de Panamá e incluso ayudó a planificar la Presa Hoover. Luego del colapso de la Presa St. Francis, quedó tan triste que dejó de trabajar. Si bien trabajó en muchos proyectos exitosos, se le recuerda por este enorme fracaso.

¡Un enredo pegajoso!

En 1919, explotó un enorme tanque de **melaza**. Más de dos millones de galones inundaron la calle Commercial en Boston. ¡La ola de 15 pies levantó a un tren de la vía! Más de 20 personas murieron y 150 resultaron lastimadas.

La ingeniería hoy

Hoy en día, el mundo cambia con rapidez. Hay que resolver muchos problemas nuevos. Pero los ingenieros de la actualidad también tienen nuevas herramientas para hacer su trabajo. Estas herramientas les permiten enfrentar desafíos difíciles. Los programas de **ingeniería asistida por computador** (IAC) hacen modelos de las máquinas. Ayudan a las personas a entender los productos que están diseñando. Con estas herramientas pueden predecir cómo encajarán las piezas. En la actualidad, los ingenieros también pueden aprender de las hazañas y los fracasos del pasado. Así, están resolviendo más problemas que nunca.

La IAC permite a los ingenieros ver cómo lucirá un automóvil luego de su fabricación.

Observa algunas de las estructuras más grandes y audaces del mundo, al menos hasta que aparezca una que las supere.

El Eurotúnel es el túnel submarino más largo del mundo. Corre bajo el Canal de la Mancha, entre Francia e Inglaterra.

El edificio Gherkin, en Londres, usa un 50 por ciento menos energía que otros edificios de oficinas similares.

En Abu Dhabi se encuentra la montaña rusa más rápida del mundo.

Con 2,700 pies de altura, el Burj Khalifa, en Dubái, es la estructura más alta del mundo.

¡MÁS EN PROFUNDIDAD!

Datos y cifras interesantes

Construir las grandes hazañas de la ingeniería llevó tiempo y dinero, y costó miles de vidas. Compara las cifras para ver lo que requirieron estas estructuras y su resultado.

	Cantidad de trabajadores	Tiempo para finalizarlo	
El ferrocarril transcontinental	10,000–20,000	$6\frac{1}{2}$ años	
El Canal de Panamá	40,000	33 años	
La Presa Hoover	10,000–20,000	5 años	

"Esta mañana vine, la vi y me conquistó, como le pasaría a cualquiera que viera por primera vez esta gran hazaña de la humanidad".
—Presidente Franklin D. Roosevelt, al describir la Presa Hoover

Costo	Cantidad de muertes	Dimensiones	Importancia
$50 millones	50–150	casi 1,800 millas de largo	acortó el tiempo de viaje entre California y el río Misuri de varios meses a seis días
más de $600 millones	aproximadamente 27,000	casi 50 millas de largo	acortó el tiempo de viaje alrededor de América del Sur de 10 meses a 2 semanas
$49 millones	aproximadamente 100	casi 1,200 pies de largo	evitó que el río Colorado se desbordara; genera cada año suficiente energía para 500,000 hogares

Viajes espaciales

Una cosa es construir algo impresionante en la Tierra. ¡Otra cosa es construir algo fuera de este mundo! En 1957, los **soviéticos** lanzaron el primer satélite artificial. El *Sputnik* fue el primer objeto hecho por el hombre puesto en órbita alrededor de la Tierra.

Desde entonces, los ingenieros han trabajado duro. Enviaron personas a la luna. Construyeron naves espaciales y la Estación Espacial Internacional. Hoy en día, están enviando sondas a planetas distantes. Un telescopio asombroso toma imágenes del universo. ¡Los ingenieros incluso están viendo cómo hacer para enviar personas a Marte!

Alcanzar nuevas alturas

La Estación Espacial Internacional (EEI) es una hazaña de la cooperación. Países de todo el mundo trabajaron juntos para construir un lugar donde los astronautas puedan vivir y estudiar el espacio. El proyecto llevó más de 20 años y costó más de $35 mil millones.

Desastre en el cielo

Con tantas hazañas asombrosas, podemos llegar a olvidar el costo de los viajes espaciales. No es fácil enviar personas al espacio. Los equipos fallan. A veces, incluso mueren personas. Uno de los días más tristes en la historia de los viajes espaciales fue el 28 de enero de 1986. Setenta y tres segundos luego de despegar, el transbordador *Challenger* se hizo pedazos. Los siete miembros de la tripulación murieron, incluida la primera maestra en viajar al espacio.

Islas que se hunden

Frente a las costas de Dubái hay 300 islas artificiales. Dado que están colocadas en forma de mapa, se las conoce como *The World* (El mundo). En una época fueron una hazaña de la ingeniería. Hoy solo se las puede considerar un fracaso. Las islas se diseñaron para convertirse en casas y centros turísticos de lujo. Se invitó a los millonarios a comprar estas islas con nombres de países.

Para construir las islas se llevó arena del Golfo de Omán. Actualmente, las islas se están hundiendo. Los constructores no esperaban que las islas se **erosionaran**. La arena se está deslizando hacia el mar y las islas están desapareciendo. A pesar de este fracaso, se está planeando construir una nueva serie de islas que se llamarán *The Universe* (El universo).

una de las islas de *The World*

El método del ingeniero

Los ingenieros modernos pueden tener que resolver una gran variedad de problemas. Pero cualquiera que sea el problema, siguen pasos similares para encontrar una solución.

1. Analizar el problema. ¿Hay alguna manera de simplificarlo?

2. Estudiar cómo otras personas han tratado de resolver el problema.

3. Diseñar una posible solución.

4. ¿Funciona como se esperaba? ¿Es eficiente?

5. Probar una nueva solución. Estudiar los resultados para llegar a un producto final.

6. Compartir los resultados con el mundo.

Errores modernos

Los ingenieros deben trabajar con cuidado para evitar que haya errores en sus cálculos, ya que podrían provocar una tragedia o incluso muertes. Los ingenieros modernos estudian los diseños que terminaron en desastres en el pasado. Aprenden qué no hacer y se centran en crear nuevos diseños que no lleven al fracaso.

El *Swiss Federal Institute of Technology* condujo un estudio sobre los desastres de la ingeniería. Estudiaron 800 casos en los que murió alguien. Los datos en esta gráfica explican cómo los ingenieros pueden tener la culpa.

13%
olvida algo o comete errores

14%
es descuidado

16%
subestima cómo pueden usarse sus productos

1%
no entiende sus
responsabilidades

9%
confía en que
otros tomen
decisiones

7%
no prueba
los nuevos
productos en
una nueva
situación

1%
usa materiales
de mala calidad

3%
otro

36%
no tiene conocimientos
suficientes

Próximos pasos

La palabra *ingeniero* apareció por primera vez en el siglo XIV, cuando se usaron grandes máquinas militares. En ese entonces, se refería a cosas como **catapultas** que podían tirar objetos a cientos de pies de distancia. Pero la idea de la ingeniería ya existía desde mucho antes. Los primeros seres humanos usaban palancas para levantar objetos pesados. Luego, aprendieron a usar poleas para arrastrar cosas. Pronto, aparecieron las ruedas. Los primeros ingenieros construyeron Stonehenge con herramientas simples. Construyeron la Gran Pirámide. Y a medida que aprendían más, construían más cosas. Hoy en día, los ingenieros pueden enviar personas al espacio. Y continúan aprendiendo. ¿Qué más harán?

"Para el optimista, el vaso está medio lleno. Para el pesimista, el vaso está medio vacío. Para el ingeniero, el vaso es el doble de grande de lo que debería ser".

—Anónimo

Hazañas y fracasos

En la Edad de Piedra, las herramientas de un ingeniero eran simples. Tenían recursos limitados. Hoy en día, el mundo está lleno de posibilidades. Nuestra tecnología avanzada permite a los ingenieros construir cosas más complejas. Mira la línea de tiempo de abajo para seguir nuestros avances. Imagina las hazañas y los fracasos de la ingeniería que nos esperan.

2950 a. C.
Los ingenieros de la Edad de Piedra comienzan a trabajar en Stonehenge.

1912 d. C.
El *Titanic* choca con un iceberg y se hunde.

206 a. C.
Se conectan las secciones de la Gran Muralla China para crear una larga muralla.

¡ALTO! PIENSA...

- ¿Qué herramientas tenían las personas cuando hicieron estos avances?

- ¿Cuántas personas trabajaron juntas?

- Si fueras a construir un proyecto monumental, ¿qué construirías?

1937 d. C.
Se estrella el *Hindenburg*.

1969 d. C.
El primer ser humano llega a la luna.

1998 d. C.
La Estación Espacial Internacional reúne a ingenieros de todo el mundo.

Glosario

canal: vía navegable creada por el hombre para permitir que pasen los barcos

catapultas: dispositivos antiguos que se usaban para tirar armas a los enemigos

conquistaron: vencieron por la fuerza

desaguaderos: lugares donde el agua extra puede pasar por encima o alrededor de una presa

dirigible: tipo de aeronave sin estructura interna

erosionaran: sufrieran desgaste por el viento o el agua

explosivos: cosas diseñadas para explotar

faraón: rey egipcio

Gran Depresión: crisis económica y período de baja actividad comercial que comenzó con la caída del mercado de valores en 1929 y continuó durante la mayor parte de la década de 1930

hazañas: grandes logros

helio: gas usado para que las aeronaves floten con seguridad

hidrógeno: gas inflamable

inflamable: algo que se quema con facilidad

ingeniería asistida por computador (IAC): programas de computación que permiten a los ingenieros predecir cómo funcionarán sus diseños

ingenieros: personas que usan las matemáticas y la ciencia para construir cosas

melaza: líquido espeso y pegajoso que se fabrica al
procesar el azúcar

palas a vapor: máquinas usadas para cavar

pasajes: aberturas en una pared

presa: pared que obstruye un río

Revolución Industrial: época en que se inventaron y
usaron por primera vez muchas máquinas

salario: pago por un trabajo

secciones: partes en las que se divide una cosa

soviéticos: personas, en especial líderes militares, de la ex
Unión de Repúblicas Socialistas Soviéticas

torres de vigilancia: puestos militares donde los soldados
montaban guardia para detectar cualquier peligro

transcontinental: que atraviesa un continente

Índice

Bibliografía

Ames, Lee J. *Draw 50 Buildings and Other Structures: The Step-by-Step Way to Draw Castles and Cathedrals, Skyscrapers and Bridges, and So Much More.* **Watson-Guptill, 1991.**

Este libro es una guía simple para dibujar edificios, puentes y mucho más. Desde la Torre Eiffel al Taj Majal, figuran 50 estructuras naturales y artificiales.

Ash, Russell. *Great Wonders of the World.* **DK Children, 2006.**

Este libro contiene no solo las siete maravillas del mundo antiguo sino también muchas maravillas modernas. Incluye fotografías, ilustraciones y explicaciones de estas grandes maravillas.

Birdseye, Tom. *A Kids' Guide to Building Forts.* **Roberts Rinehart, 1993.**

Este libro contiene una breve historia de los fuertes e indicaciones para construir fuertes seguros dentro o fuera de casa, ya sea en la playa o en la nieve.

Macaulay, David. *Built To Last.* **Houghton Mifflin Harcourt Publishing, 2010.**

Descubre el cómo y el por qué detrás de algunas de la estructuras más asombrosas del mundo. Este libro trae a la vida castillos, catedrales y otras estructuras fascinantes.

Herweck, Don. *All About Mechanical Engineering.* **Teacher Created Materials, 2008.**

Aprende sobre los principios básicos de la ingeniería, como la fuerza, la aceleración, la desaceleración, la acción y la reacción. Descubre cómo los ingenieros usan estos conceptos para hacer nuestra vida más fácil.

Más para explorar

Encyclopedia Titanica
http://www.encyclopedia-titanica.org

Este sitio web ofrece información muy completa sobre el *Titanic*. Aprende más sobre el diseño del barco, las personas, la historia y mucho más, todo en un solo lugar.

Greatest Engineering Achievements of the 20th Century
http://www.greatachievements.org/

Este sitio ofrece una línea de tiempo detallada y logros del siglo xx clasificados por categorías.

How Stuff Works: Engineering
http://science.howstuffworks.com/engineering-channel.htm

En este sitio se brinda información sobre autopistas, subterráneos, ferrocarriles y puentes.

Top 10 Worst Engineering Disasters
http://listverse.com/2007/12/04/top-10-worst-engineering-disasters

Este sitio contiene fotografías y un resumen de 10 desastres, incluida la explosión de gas en la *East Ohio Gas Company*, en Cleveland, la inundación de la Presa St. Francis y el desastre de la melaza en Boston.

Seven Wonders of the Ancient World
http://www.unmuseum.org/wonders.htm

En este sitio, cada una de las siete maravillas del mundo antiguo tiene su propia sección, donde se brindan descripciones detalladas, imágenes e información sobre cómo podrían haberse construido.

Acerca de la autora

Stephanie Paris es una californiana de séptima generación. Se graduó como licenciada en Psicología en la Universidad de California, Santa Cruz, y obtuvo su licencia como docente de varias materias en la Universidad Estatal de California, San José. Ha sido docente de aula de la escuela primaria, docente de computación y tecnología de la escuela primaria, madre que imparte educación en el hogar, activista educativa, autora educativa, diseñadora web, *blogger* y líder de las *Girl Scouts*. Le encanta usar las herramientas de la ingeniería para resolver los problemas cotidianos. Actualmente vive en Alemania con su esposo y sus hijos.